やさしくわかるデジタル時代の

情報モラル 5

動画・ゲーム・ショッピン

共著

技術評論社

はじめに

インターネットは情報化社会《じょうほうかしゃかい》において必要不可欠《ひつようふかけつ》なものになっています。大人《おとな》だけでなく子《こ》どもにも、学習《がくしゅう》、仕事《しごと》、家庭《かてい》など、広範囲《こうはんい》に利用《りよう》されています。一方《いっぽう》、スマートフォンやパソコンなどのインターネット端末《たんまつ》やそのサービスの使用《しよう》に際《さい》しては、ルールを守《まも》り、基本的《きほんてき》な技術《ぎじゅつ》を理解《りかい》する必要《ひつよう》があります。インターネットを通《つう》じたさまざまなサービスは便利《べんり》である反面《はんめん》、使《つか》い方《かた》を誤《あやま》ると、危険《きけん》にさらされることを知《し》っておく必要《ひつよう》があります。

本書《ほんしょ》は、これからスマートフォンやパソコンなどのインターネット機器《きき》を使《つか》う人《ひと》だけでなく、すでに使《つか》っている人《ひと》も情報《じょうほう》モラルを学習《がくしゅう》できるように編集《へんしゅう》しています。本書《ほんしょ》の特徴《とくちょう》として次《つぎ》の点《てん》を挙《あ》げることができます。

- 情報《じょうほう》モラルの基本概念《きほんがいねん》を理解《りかい》できる
- 情報《じょうほう》モラルを知《し》る上《うえ》で必要《ひつよう》な基本技術《きほんぎじゅつ》を理解《りかい》できる
- 具体例《ぐたいれい》が図表《ずひょう》とともに解説《かいせつ》されている
- 知《し》っておきたい関連知識《かんれんちしき》がコラムに記載《きさい》されている
- 総《そう》ルビで読《よ》みやすい形式《けいしき》になっている

動画《どうが》・ゲーム・ショッピング編《へん》では，サービスを利用《りよう》するときに確認《かくにん》しておきたいこと、モラルや注意点《ちゅういてん》、しくみなどについて解説《かいせつ》しています。これらを理解《りかい》することにより、動《どう》画《が》やゲームそしてショッピングを便利《べんり》に楽《たの》しく利用《りよう》することができます。

インターネットを中心《ちゅうしん》とした情報技術《じょうほうぎじゅつ》は今後《こんご》さらに進歩《しんぽ》し、より広《ひろ》い用途《ようと》に利用《りよう》されていくでしょう。私《わたし》たちは情報《じょうほう》モラルを理解《りかい》することで、一層便利《いっそうべんり》で快適《かいてき》な生活《せいかつ》を送《おく》ることができます。

なお、本書《ほんしょ》における解説《かいせつ》、図表《ずひょう》、事例《じれい》は、標準的《ひょうじゅんてき》なインターネットやスマホなどの環境《かんきょう》を想定《そうてい》して記載《きさい》しています。

最後《さいご》に、本書《ほんしょ》の編集《へんしゅう》・企画《きかく》においてご尽力《じんりょく》いただいた技術評論社《ぎじゅつひょうろんしゃ》の渡邉悦司《わたなべえつじ》氏《し》、松井竜《まついりょう》馬氏《まし》および関係各位《かんけいかくい》に深《ふか》く感謝《かんしゃ》の意《い》を表《あらわ》します。

松下孝太郎《まつしたこうたろう》、山本光《やまもとこう》

5-12

ネットショッピングで
注意《ちゅうい》することって何《なに》？

5-13

ネットショッピングでの
支払《しはら》い方法《ほうほう》やしくみは
どうなっているの？

5-15

フリマアプリって
どんなサービスなの？

情報《じょうほう》モラルについていっしょに学《まな》んでいきましょう！

上原悠人《うえはらゆうと》さん

高橋真央《たかはしまお》さん

佐藤麻衣先生《さとうまいせんせい》

やさしくわかるデジタル時代《じだい》の情報《じょうほう》モラル

【⑤ 動画《どうが》・ゲーム・ショッピング編《へん》】目次《もくじ》

コラム

5-1

動画《どうが》サイトにはどんなものがあるの？

いろいろな動画《どうが》サイトがありますが、何《なに》が違《ちが》うのでしょうか？

YouTube《ユーチューブ》

Netflix《ネットフリックス》

DAZN《ダゾーン》

代表的《だいひょうてき》な動画《どうが》サイトにYouTube《ユーチューブ》、Netflix《ネットフリックス》、DAZN《ダゾーン》などがあり、映画《えいが》やスポーツなど得意《とくい》なジャンルが異《こと》なります。YouTube《ユーチューブ》は無料《むりょう》で視聴《しちょう》できますが広告《こうこく》が表示《ひょうじ》されます。有料《ゆうりょう》の動画《どうが》サイト場合《ばあい》、月額制《げつがくせい》（サブスクリプション）や1番組《ばんぐみ》ごとに購入《こうにゅう》するものがほとんどです。

ネットワークの高速化《こうそくか》とともに、動画《どうが》サービスが増《ふ》えてきました。スポーツ中継《ちゅうけい》やコンサートの中継《ちゅうけい》など、その場《ば》に行《い》かなくても楽《たの》しめるものや、見《み》逃《のが》したテレビ動画《どうが》、ネット配信専用《はいしんせんよう》のドラマや番組《ばんぐみ》などさまざまです。一方《いっぽう》で、YouTube《ユーチューブ》のような個人《こじん》が動画《どうが》を投稿《とうこう》して共有《きょうゆう》するサービスもあります。YouTube《ユーチューブ》は登録《とうろく》をすれば、誰《だれ》もが無料《むりょう》で動画《どうが》を不特定《ふとくてい》の人《ひと》と共有《きょうゆう》できます。そしてチャンネル登録者数《とうろくしゃすう》や視聴回数《しちょうかいすう》に応《おう》じて、広告料《こうこくりょう》が個人《こじん》に支払《しはら》われます。このしくみによってYouTube《ユーチューブ》への投稿《とうこう》を職業《しょくぎょう》とするユーチューバーが生《う》まれ、活躍《かつやく》しています。

動画配信《どうがはいしん》のしくみ

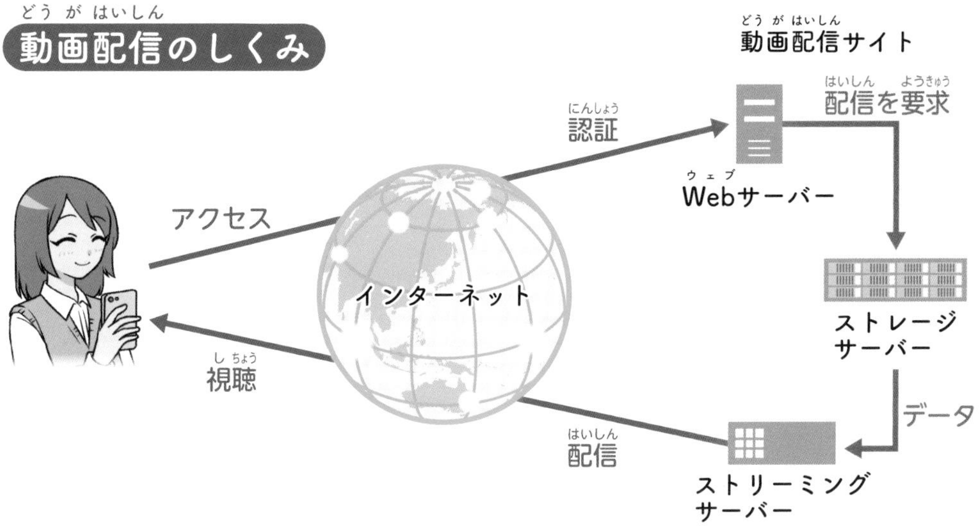

コラム
Column

ユーチューバー（YouTuber《ユーチューバー》）

動画共有《どうがきょうゆう》サービスのYouTube《ユーチューブ》では、チャンネル登録者数《とうろくしゃすう》や視聴回数《しちょうかいすう》に応《おう》じて広告料《こうこくりょう》が入《はい》ってきます。そして世界中《せかいじゅう》で有名《ゆうめい》なユーチューバーが生《う》まれました。ユーチューバーは小学生《しょうがくせい》がなりたい職業《しょくぎょう》トップ3にランクインしています。商品紹介《しょうひんしょうかい》や面白実験《おもしろじっけん》など興味《きょうみ》を引《ひ》く内容《ないよう》の動画《どうが》を数多《かずおお》くアップロードしています。しかし、中《なか》には視聴回数《しちょうかいすう》だけを増《ふ》やしたいために、違反《いはん》となる動画《どうが》をアップロードしている人《ひと》もいて問題《もんだい》となっています。

5-2

動《どう》画《が》サイトのコメント欄《らん》には何《なに》を書《か》いてもよいの？

気《き》になる動《どう》画《が》があります。コメント欄《らん》には思《おも》ったことを自《じ》由《ゆう》に書《か》き込《こ》んでもよいですか？

動《どう》画《が》サイトのコメント欄《らん》に限《かぎ》らず、インターネットには個人情報《こじんじょうほう》や犯罪《はんざい》に関《かか》わるようなことを書《か》き込《こ》んではいけません。また、誰《だれ》もがその情報《じょうほう》を見《み》ることができることを意識《いしき》してください。相手《あいて》が傷《きず》つくような悪口《わるぐち》やウソなどの情報《じょうほう》も書《か》き込《こ》んではいけません。

動画《どうが》サイトにアップロードした情報《じょうほう》は良《よ》い人《ひと》ばかりではなく、悪《わる》い人《ひと》も見《み》ることができます。個人情報《こじんじょうほう》を知《し》られたくない場合《ばあい》、住《す》んでいる場所《ばしょ》や学校《がっこう》など個人《こじん》を特定《とくてい》できるような情報《じょうほう》には注意《ちゅうい》しましょう。

また、相手《あいて》がいることを意識《いしき》しない発言《はつげん》でけんかになることもあります。たとえば、自分《じぶん》がどんなに正《ただ》しいと思《おも》っていても、相手《あいて》にとって悪口《わるぐち》やいやがらせであればとても嫌《いや》な気持《きも》ちになるでしょう。内容《ないよう》によってはコメントを削除《さくじょ》されたり、アカウントを停止《ていし》されることもあるので注意《ちゅうい》しましょう。

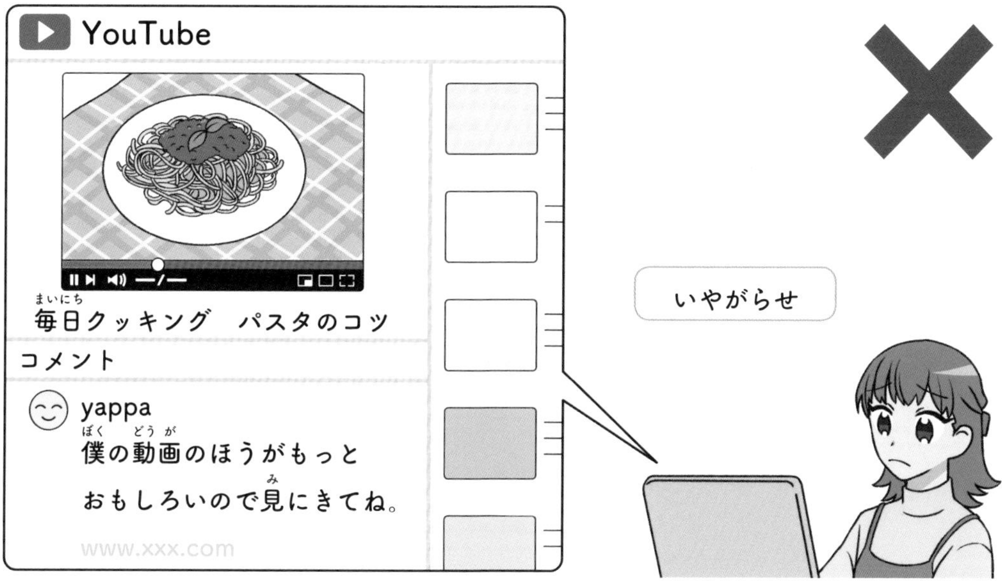

コラム Column

利用規約《りようきやく》やガイドライン

多《おお》くの動画《どうが》サイトでは利用規約《りようきやく》という使《つか》うためのルールが示《しめ》されています。動画《どうが》サイトを利用《りよう》するときは、利用規約《りようきやく》やガイドラインを必《かなら》ず確認《かくにん》しましょう。動画《どうが》をアップロードするときにトラブルを起《お》こさないためにも、ルールをまずよく理解《りかい》しましょう。

禁止《きんし》しているコンテンツの一覧《いちらん》や法律《ほうりつ》に関《かん》する内容《ないよう》、さらには問題《もんだい》が起《お》こった時《とき》の報告先《ほうこくさき》までが詳《くわ》しく説明《せつめい》されています。YouTube《ユーチューブ》では「ポリシーとセキュリティ」のページにそれらのことが書《か》かれています。

5-3

動画《どうが》サイトの映像《えいぞう》は自由《じゆう》にダウンロードできるの？

気《き》になる動画《どうが》を見《み》つけたのですがダウンロードしてもよいですか？

動画《どうが》のダウンロードは、動画《どうが》サイトが提供《ていきょう》する公式《こうしき》なサービスを利用《りよう》するのであれば問題《もんだい》ありません。しかし、非公式《ひこうしき》な動画保存《どうがほぞん》ツールなどでダウンロードすると著作《ちょさく》権法違反《けんほういはん》になります。また、違法《いほう》な動画《どうが》サイトからのダウンロードも法律違反《ほうりついはん》になるので注意《ちゅうい》しましょう。

動画《どうが》サイトの中《なか》にはダウンロードして、あとから視聴《しちょう》できる機能《きのう》があります。Wi-Fi《ワイファイ》のない環境《かんきょう》でも通信料金《つうしんりょうきん》を気《き》にせず動画《どうが》を楽《たの》しめるため、大変便利《たいへんべんり》な機能《きのう》です。この機能《きのう》は、サービス提供会社《ていきょうがいしゃ》が用意《ようい》した公式《こうしき》ツールを利用《りよう》するなら問題《もんだい》ありません。しかし、利用者《りようしゃ》が非公式《ひこうしき》ツールなどを用《もち》いて動画《どうが》をダウンロードすると、法律違反《ほうりついはん》になることがあります。動画《どうが》のコンテンツには著作権《ちょさくけん》があるからです。無許可《むきょか》で勝手《かって》にダウンロードしたり、アップロードすることは法律《ほうりつ》で禁止《きんし》されています。また、無料《むりょう》の動画《どうが》サイトでも著作権者《ちょさくけんしゃ》の許可《きょか》のない非公式《ひこうしき》なダウンロードはいけません。ただし、クリエイティブコモンズなどで著作権者《ちょさくけんしゃ》があらかじめ利用《りよう》を許可《きょか》している場合《ばあい》は、ダウンロードできます。

●クリエイティブコモンズの例《れい》

クリエイティブコモンズは著作者《ちょさくしゃ》が著作物《ちょさくぶつ》を使《つか》ってもらうためのしくみです。マークをつけることで、どう利用《りよう》して欲《ほ》しいか示《しめ》しています。

著作者《ちょさくしゃ》を表示《ひょうじ》すること。

著作者《ちょさくしゃ》を表示《ひょうじ》し、非営利《ひえいり》で利用《りよう》すること。

Column コラム 違法《いほう》なダウンロード

著作権法《ちょさくけんほう》では、違法《いほう》にアップロードされているコンテンツを知《し》っていながらダウンロードすることは違法《いほう》となっています。

法律違反《ほうりついはん》をした場合《ばあい》、2年以下《ねんいか》の懲役《ちょうえき》もしくは200万円以下《まんえんいか》の罰金《ばっきん》またはその両方《りょうほう》などの刑事罰《けいじばつ》がありますので注意《ちゅうい》してください。

5-4

動画《どうが》サイトに動画《どうが》を自由《じゆう》にアップロードしてよいの？

自分《じぶん》の撮《と》った動画《どうが》をアップロードしても大丈《だいじょう》夫《ぶ》ですか？

動画《どうが》サイトには自分《じぶん》の撮《と》った動画《どうが》を自由《じゆう》にアップロードできます。ただし、多《おお》くの動画《どうが》サイトでは他人《たにん》の著作《ちょさく》物《ぶつ》、暴力的《ぼうりょくてき》なもの、法律違反《ほうりついはん》をしているもの、嫌《いや》がらせや差別《さべつ》などのコンテンツのアップロードを禁止《きんし》しています。

動画《どうが》サイトには誰《だれ》でも自由《じゆう》に動画《どうが》をアップロードできます。ただし、多《おお》くの人《ひと》が視聴《しちょう》するため、人《ひと》が不快《ふかい》になるような動画《どうが》ではなく、見《み》て楽《たの》しいと思《おも》うものや、ためになるものをアップロードしましょう。人気《にんき》の動画《どうが》ジャンルは、(1)商品紹介《しょうひんしょうかい》、(2)ゲームの実況《じっきょう》、(3)チャレンジ（やってみた）、(4)料理《りょうり》やメイク、(5)異文化紹介《いぶんかしょうかい》などです。世界中《せかいじゅう》の人《ひと》に情報発信《じょうほうはっしん》できるチャンスなので、皆《みな》さんも自分《じぶん》が興味《きょうみ》あることや人《ひと》の役《やく》に立《た》つことを動画《どうが》にして発信《はっしん》してみましょう。ただし、他人《たにん》の著作物《ちょさくぶつ》（TV《テレビ》番組《ばんぐみ》など）を勝手《かって》にアップロードしてはいけません。

料理《りょうり》

異文化紹介《いぶんかしょうかい》

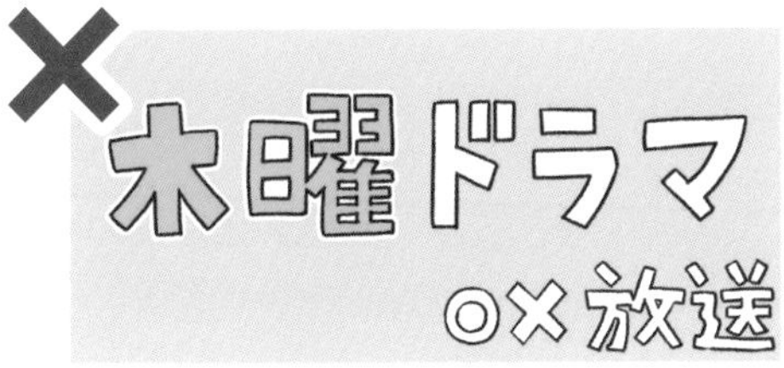

他人《たにん》の著作物《ちょさくぶつ》

いじめ

Column コラム

YouTube《ユーチューブ》で禁止《きんし》していること

YouTube《ユーチューブ》では主《おも》に以下《いか》のものを禁止《きんし》しています。

- 性的《せいてき》なコンテンツ
- 不快《ふかい》なコンテンツ
- 嫌《いや》がらせやネットいじめ
- 脅迫《きょうはく》
- プライバシーの侵害《しんがい》
- 有害《ゆうがい》で危険《きけん》なコンテンツ
- 暴力的《ぼうりょくてき》で生々《なまなま》しいコンテンツ
- スパム、誤解《ごかい》を招《まね》くメタデータ、詐欺《さぎ》
- 著作権《ちょさくけん》に違反《いはん》するもの
- なりすまし　など

ゲームアプリは何《なん》でもダウンロードしてよいの？

面白《おもしろ》そうなゲームを見《み》つけました。ダウンロードしてもよいですか？

スマホやゲーム機《き》などにゲームアプリをダウンロードする場合《ばあい》は、公式《こうしき》のストアサイトから行《おこな》いましょう。ストアサイトのゲームは有料《ゆうりょう》のものや、インストールしたあとに一部《いちぶ》有料《ゆうりょう》のものがあるので、遊《あそ》びたいゲームを見《み》つけたら、まず保護者《ほごしゃ》に相談《そうだん》しましょう。

スマホなどのゲームアプリはどこでも遊《あそ》べて便利《べんり》ですが、入手《にゅうしゅ》は公式《こうしき》のストアサイトから行《おこな》いましょう。非公式《ひこうしき》サイトの非正規《ひせいき》アプリの中《なか》にはウィルスが忍《しの》ばせてあったり、高額《こうがく》な課金《かきん》をするものがあり危険《きけん》です。公式《こうしき》のストアサイトには正規《せいき》アプリが置《お》かれており、安全《あんぜん》にゲームを遊《あそ》ぶことができます。ただし、アプリには有料《ゆうりょう》のものがあります。また、アプリ自体《じたい》は無料《むりょう》でも、アプリ内課金《ないかきん》といって、ゲームの中《なか》で有料《ゆうりょう》アイテムなどが売《う》られていることがあります。遊《あそ》びたいゲームがあれば、保護者《ほごしゃ》に相談《そうだん》してから入手《にゅうしゅ》しましょう。

Column コラム 公式《こうしき》のストアサイト

スマホやゲーム機《き》の提供会社《ていきょうがいしゃ》は、非正規《ひせいき》アプリをインストールして被害《ひがい》を受《う》けるのを防《ふせ》ぐため、正規《せいき》アプリを提供《ていきょう》する公式《こうしき》のストアサイトを用意《ようい》しています。有名《ゆうめい》なのがiPhone《アイフォーン》のAppStore《アップストア》、Android《アンドロイド》のGoogle Play《グーグルプレイ》です。Nintendo Switch《ニンテンドースイッチ》やWindows《ウィンドウズ》、Mac《マック》にも公式《こうしき》サイトが用意《ようい》されています。公《こう》式《しき》のストアサイトで提供《ていきょう》されているアプリは、動作《どうさ》や内容《ないよう》に問題《もんだい》がないか厳密《げんみつ》に審査《しんさ》され、認証《にんしょう》されたものが置《お》かれています。また、支払《しはら》いに関《かん》しても公式《こうしき》のストアサイトを通《つう》じて行《おこな》われるため、安全性《あんぜんせい》が高《たか》いといえます。

ゲームで知《し》らない人《ひと》とチャットしてもよいの？

対戦型《たいせんがた》ゲームで知《し》らない相手《あいて》から話《はな》しかけられました。会《あ》ったことのない人《ひと》とチャットしてもよいのですか？

チャットを始《はじ》める前《まえ》に、個人情報《こじんじょうほう》が公開《こうかい》されるかどうかを確認《かくにん》しましょう。設定《せってい》でON《オン》/OFF《オフ》できる場合《ばあい》もあります。公開《こうかい》されないならチャットをしても大丈夫《だいじょうぶ》です。ただし、チャット中《ちゅう》にうっかり自分《じぶん》の個人情報《こじんじょうほう》を知《し》らせないように注意《ちゅうい》しましょう。

ゲームアプリの中《なか》には、対戦相手《たいせんあいて》やゲーム仲間《なかま》とチャットができるものがあります。書《か》き込《こ》む内容《ないよう》によっては、個人《こじん》が特定《とくてい》されてしまう危険《きけん》があるので、注意《ちゅうい》しましょう。

中《なか》には子《こ》どものフリをして、個人情報《こじんじょうほう》を集《あつ》める悪《わる》い大人《おとな》や、高額《こうがく》なアイテムを横取《よこど》りしようとする人《ひと》がいます。すべての人《ひと》が悪《わる》い人《ひと》ではありませんが、注《ちゅう》意《い》しながらチャットを楽《たの》しみましょう。少《すこ》しでも変《へん》だなと感《かん》じたら、保護者《ほごしゃ》などの大人《おとな》に相談《そうだん》してみてください。

さらに、チャットは顔《かお》の見《み》えない相手《あいて》とのコミュニケーションなので、言葉《ことば》づかいには注意《ちゅうい》しましょう。相手《あいて》のことを思《おも》いやることが大事《だいじ》です。

Column コラム

本当《ほんとう》に匿名《とくめい》？

匿名《とくめい》とは、自分《じぶん》の名前《なまえ》を隠《かく》して人《ひと》に知《し》らせないことです。ゲーム内《ない》のチャットは匿名《とくめい》が基本《きほん》ですが、ネットワークのしくみ的《てき》には本当《ほんとう》の匿名《とくめい》はありません。スマホやパソコンには固有《こゆう》の番号《ばんごう》が付《つ》けられていて、プロバイダには接続《せつぞく》の記《き》録《ろく》が残《のこ》ります。犯罪《はんざい》が起《お》きたとき、プロバイダは警察《けいさつ》に接続情報《せつぞくじょうほう》を提供《ていきょう》することになっているので、匿名《とくめい》でも誰《だれ》が悪《わる》いことをしたかが必《かなら》ずわかります。

ゲームのアカウントやアイテムは自由《じゆう》に交換《こうかん》してよいの？

欲《ほ》しいアイテムの入《はい》ったアカウントが販売《はんばい》されていました。購入《こうにゅう》してもよいのでしょうか？

個人間《こじんかん》でお金《かね》をやり取《と》りするアカウントやアイテムの売買《ばいばい》は、多《おお》くのゲームで禁止《きんし》されています。一方《いっぽう》、アイテム交換《こうかん》に関《かん》しては、提供会社《ていきょうがいしゃ》が認《みと》めている公式《こうしき》のやり方《かた》で行《おこな》う場合《ばあい》は問題《もんだい》ありません。違反《いはん》すると、利用停止《りようていし》などでゲームができなくなる可能性《かのうせい》があります。

ゲームのアカウントが高額《こうがく》で売買《ばいばい》されていることがあります。購入《こうにゅう》したアカウントには、最初《さいしょ》からレアなアイテムが豊富《ほうふ》に入《はい》っていたり、レベルの高《たか》いキャラクターを使《つか》うことができます。しかし、ほとんどのゲーム提供会社《ていきょうがいしゃ》では、このようなアカウントの売買《ばいばい》を禁止《きんし》しています。一方《いっぽう》、アイテム交換《こうかん》の場合《ばあい》、ゲーム提供会社《ていきょうがいしゃ》が公式《こうしき》の機能《きのう》として用意《ようい》しているものをルール通《どお》りに利用《りよう》するのは問題《もんだい》ありません。非公式《ひこうしき》なやり方《かた》や、ユーザー間《かん》でお金《かね》のやり取《と》りが発生《はっせい》するような交換《こうかん》は禁止《きんし》されています。

Column コラム

リアルマネートレーディング

スマホのゲームアプリやオンラインゲームのアイテムを現金《げんきん》(リアルマネー)で取引《とりひき》することをリアルマネートレーディングといいます。

2000年《ねん》に入《はい》った頃《ころ》、オンラインゲームが流行《りゅうこう》したときに、ユーザー同士《どうし》でアイテムを売《う》り買《か》いすることが始《はじ》まりました。しかし、お金儲《かねもう》けのための詐欺《さぎ》や不正《ふせい》アクセスなどの事件《じけん》が多発《たはつ》しました。現在《げんざい》では、多《おお》くのゲーム会社《がいしゃ》が利《り》用規約《ようきやく》でリアルマネートレーディングの禁止《きんし》をしています。

5-8 オンラインゲームで注意《ちゅうい》することって何《なに》？

みんなで遊《あそ》ぶゲームは楽《たの》しいのですが、時間《じかん》がきたときにうまく抜《ぬ》ける方法《ほうほう》はありますか？

複数《ふくすう》の人《ひと》が参加《さんか》するオンラインゲームでは、ひとりで楽《たの》しむゲームと違《ちが》い、相手《あいて》のことを思《おも》いやる気持《きも》ちが大切《たいせつ》です。あいさつや言葉遣《ことばづか》いなどのマナーには気《き》をつけましょう。また、やめる時間《じかん》だけでなく、始《はじ》める時間《じかん》にも注意《ちゅうい》して、上手《じょうず》に楽《たの》しみましょう。

オンラインゲームでも学校《がっこう》でも、人同士《ひとどうし》のコミュニケーションに違《ちが》いはありません。相手《あいて》への思《おも》いやりや尊敬《そんけい》があることで、お互い気持《きも》ちよく過《す》ごすことができます。オンラインゲームでは相手《あいて》の顔《かお》が見《み》えないので、言葉《ことば》づかいが悪《わる》いと相手《あいて》の気分《きぶん》を害《がい》することがあります。ゲームに参加《さんか》するときや終了《しゅうりょう》するときにはあいさつをしましょう。また、ゲームごとに独自《どくじ》の文化《ぶんか》があります。たとえばアイテムをしつこく欲《ほ》しがらないなどのマナーや、自分《じぶん》のキャラが弱《よわ》いとき、強《つよ》いときの行動《こうどう》など、みんなが楽《たの》しくゲームをプレーできるように心《こころ》がけましょう。

Column《コラム》

ゲーム依存症《いぞんしょう》には注意《ちゅうい》

オンラインゲームはゲーム自体《じたい》の面白《おもしろ》さに加《くわ》え、人《ひと》との交流《こうりゅう》もあってとても楽《たの》しいため、没頭《ぼっとう》してつい長時間遊《ちょうじかんあそ》んでしまいます。しかし、それが続《つづ》くと依《い》存症《ぞんしょう》になる危険《きけん》があることが知《し》られています。依存症《いぞんしょう》になるとゲームをしたい衝動《しょうどう》が抑《おさ》えられなくなり、不登校《ふとうこう》や家庭内不和《かていないふわ》など、日常生活《にちじょうせいかつ》に重大《じゅうだい》な問題《もんだい》を生《しょう》じます。そうならないためには、ゲームで遊《あそ》ぶときのルールを決《き》めることが大切《たいせつ》です。ゲームをする日《ひ》やプレイ時間《じかん》、始《はじ》める時間《じかん》や終《お》わる時間《じかん》を保護者《ほごしゃ》と話《はな》し合《あ》いましょう。また、ルールは時々《ときどき》見直《みなお》しましょう。

5-9

無料《むりょう》ゲームや無料《むりょう》動画《どうが》はどうして無料《むりょう》なの？

ゲームや動画《どうが》、マンガなどで無料《むりょう》のサービスが多《おお》くありますが、どうして無料《むりょう》で提供《ていきょう》できるのでしょうか？

無料《むりょう》になるしくみ

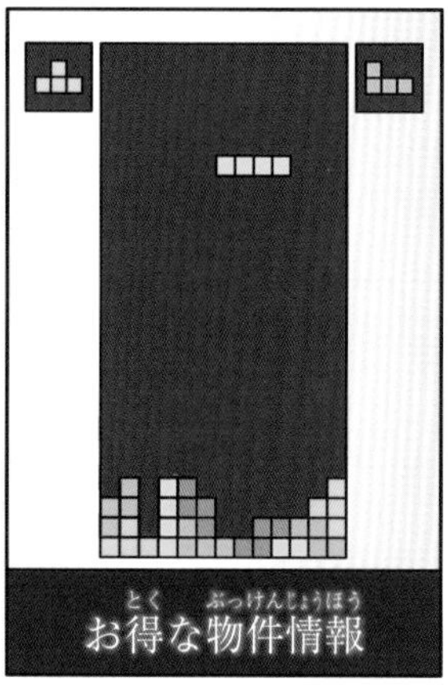

広告収入《こうこくしゅうにゅう》

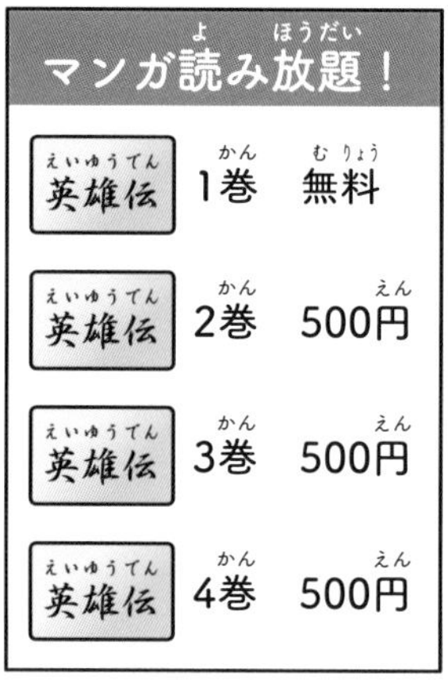

1巻《かん》だけ無料《むりょう》

個人情報《こじんじょうほう》を業者《ぎょうしょ》に提供《ていきょう》

無料《むりょう》で提供《ていきょう》する方法《ほうほう》はいくつかあります。広告《こうこく》を表示《ひょうじ》して収入《しゅうにゅう》を得《え》る、一部《いちぶ》を無料《むりょう》にして残《のこ》りを有料《ゆうりょう》にする、ユーザー情報《じょうほう》を業者《ぎょうしゃ》に販売《はんばい》するなどです。なお、サービスは無料《むりょう》でも利用《りよう》するための通信料金《つうしんりょうきん》はかかるため、全《まった》くお金《かね》がかからないわけではありません。

無料《むりょう》サービスの提供会社《ていきょうがいしゃ》は、さまざまな方法《ほうほう》で収入《しゅうにゅう》を得《え》ています。よくあるのが広告収入《こうこくしゅうにゅう》です。ゲームプレイ中《ちゅう》や動画《どうが》視聴中《しちょうちゅう》、もしくはその合間《あいま》に広告《こうこく》を表示《ひょうじ》します。また、一部《いちぶ》だけを無料《むりょう》にし、残《のこ》りを有料《ゆうりょう》にする場合《ばあい》もあります。例《たと》えばマンガの最初《さいしょ》の1巻《かん》のみ無料《むりょう》、アプリの機能《きのう》の一部《いちぶ》のみ無料《むりょう》などです。ユーザー情報《じょうほう》を業者《ぎょうしゃ》に販売《はんばい》する場合《ばあい》もあります。手軽《てがる》で楽《たの》しい無料《むりょう》サービスですが、注意《ちゅうい》したいのがアプリ内課金《ないかきん》です。アプリは無料《むりょう》ですが、プレイ中《ちゅう》にアイテムや機能追加《きのうついか》などで課金《かきん》が発生《はっせい》します。思《おも》わぬ高額請求《こうがくせいきゅう》になる恐《おそ》れもあるので、あらかじめ保護者《ほごしゃ》と相談《そうだん》してからアプリを利用《りよう》しましょう。

Column コラム

フリーミアム

基本的《きほんてき》なサービスは無料《むりょう》で提供《ていきょう》して、さらに高度《こうど》な機能《きのう》などは有料《ゆうりょう》になるしくみのことをフリーミアムと言《い》います。無料《むりょう》を表《あらわ》すフリーと割増料金《わりましりょうきん》を表《あらわ》すプレミアムを合《あ》わせた言葉《ことば》です。

現在《げんざい》ではさまざまなサービスでフリーミアムが利用《りよう》されています。Evernote《エバーノート》やDropbox《ドロップボックス》などのネットのファイル管理《かんり》サービスはその成功例《せいこうれい》です。

5-10 ゲームアイテムが欲《ほ》しいけれどどうやって買《か》うの？

ゲームの有料《ゆうりょう》アイテムが欲《ほ》しいです。どうすれば買《か》えますか？

有料《ゆうりょう》アイテムの場合《ばあい》、購入《こうにゅう》する前《まえ》に保護者《ほごしゃ》などに相談《そうだん》しましょう。クレジットカードやコンビニエンスストアなどで購入《こうにゅう》できるプリペイドカードを利用《りよう》した支払《しはら》い方《ほう》法《ほう》などがあります。

スマホの人気《にんき》ゲームは無料《むりょう》で始《はじ》められるアプリが多《おお》くあります。しかし、そのような人気《にんき》ゲームの中《なか》にはアプリ内課金《ないかきん》として、プレイ中《ちゅう》にさまざまな有料《ゆうりょう》アイテムが登場《とうじょう》するものがあります。もし、有料《ゆうりょう》アイテムが欲《ほ》しくなったときは、保護者《ほごしゃ》に相談《そうだん》して、お小遣《こづか》いの範囲《はんい》で楽《たの》しむようにしましょう。支払《しはら》い方《ほう》法《ほう》には、ストアサイトや通信事業者《つうしんじぎょうしゃ》などに登録《とうろく》したクレジットカードや銀行口《ぎんこうこう》座《ざ》などからの引《ひ》き落《お》としがあります。他《ほか》にもコンビニエンスストアなどで売《う》っているプリペイドカードを購入《こうにゅう》し、カードに書《か》かれている番号《ばんごう》を入力《にゅうりょく》して支払《しはら》う方法《ほうほう》もあります。

Column コラム

プリペイドカードとクレジットカード

ゲームアプリなどの課金《かきん》の支払《しはら》いに利用《りよう》できる前払《まえばら》い式《しき》のプリペイドカードがコンビニエンスストアの店頭《てんとう》に並《なら》んでいます。決《き》まった金額《きんがく》の範囲内《はんいない》で利用《りよう》できるので、大変便利《たいへんべんり》ですが、特定《とくてい》のサービスにしか使用《しよう》できません。

一方《いっぽう》、クレジットカードは収入《しゅうにゅう》のある大人《おとな》しか利用《りよう》できません。クレジットとは「信用《しんよう》」という意味《いみ》です。お金《かね》が発生《はっせい》するときは保護者《ほごしゃ》など、大人《おとな》の人《ひと》と一緒《いっしょ》に考《かんが》えながら使《つか》いましょう。

5-11

ネットショッピングは子《こ》どもでも利《り》用《よう》できるの？

ネットショッピングやネットオークションは子《こ》どもが利用《りよう》してもよいのでしょうか？

●ショッピング、オークションサイトの利用制限《りようせいげん》

<table>
<tr><th></th><th>年齢制限《ねんれいせいげん》</th><th>保護者《ほごしゃ》の同意《どうい》</th></tr>
<tr><td>ヤフオク！</td><td>あり</td><td rowspan="4">必要《ひつよう》</td></tr>
<tr><td>メルカリ</td><td>なし</td></tr>
<tr><td>アマゾン</td><td>あり</td></tr>
<tr><td>ラクマ</td><td>あり</td></tr>
</table>

ネットショッピングやネットオークションの多《おお》くは、保護者《ほごしゃ》の同意《どうい》がないと、未成年《みせいねん》は利用《りよう》できないことになっています。保護者《ほごしゃ》と一緒《いっしょ》に利用《りよう》しましょう。

お店《みせ》に行《い》かなくてもいろいろなジャンルや地域《ちいき》の商品《しょうひん》が買《か》えるネットショッピングやネットオークションは大変便利《たいへんべんり》です。しかし、ネットショッピングやネットオークションは、保護者《ほごしゃ》の同意《どうい》がないと利用《りよう》できません。

法律《ほうりつ》では、商品《しょうひん》の売買《ばいばい》は「契約《けいやく》」です。契約《けいやく》とは法律《ほうりつ》に守《まも》られた人《ひと》と人《ひと》の約束《やくそく》のことです。未成年《みせいねん》には法律上《ほうりつじょう》、契約《けいやく》の責任《せきにん》がありません。しかし、保護者《ほごしゃ》の同意《どうい》のもとで契約《けいやく》ができますので、保護者《ほごしゃ》と一緒《いっしょ》なら、ネットショッピングやネットオークションを利用《りよう》できます。

Column コラム

未成年者《みせいねんしゃ》の契約《けいやく》の取《と》り消《け》し

未成年者《みせいねんしゃ》が保護者《ほごしゃ》の同意《どうい》なしに契約《けいやく》を行《おこな》ったときには、以下《いか》の条件《じょうけん》にすべてあてはまれば、その契約《けいやく》を取《と》り消《け》すことができます。

- 契約時《けいやくじ》に年齢《ねんれい》が20歳未満《さいみまん》であること
- 結婚《けっこん》したことがないこと
- 保護者《ほごしゃ》が同意《どうい》していないこと
- お小遣《こづか》いの範囲外《はんいがい》であること
- 保護者《ほごしゃ》から許《ゆる》された手伝《てつだ》いでないこと
- 未成年者《みせいねんしゃ》が詐欺《さぎ》をしていないこと
- 保護者《ほごしゃ》が追認《ついにん》していないこと
- 取消権《とりけしけん》が時効《じこう》になっていないこと
（本人《ほんにん》が25歳《さい》まで、または契約《けいやく》から20年《ねん》）

5-12

ネットショッピングで注意《ちゅうい》することって何《なに》？

ネットショップで買《か》い物《もの》をしたいのですが、注意《ちゅうい》することは何《なん》でしょう？

ネット上《じょう》にはさまざまなショップがありますが、信頼《しんらい》できるお店《みせ》なのかがわかりにくい面《めん》があります。そこで、利用《りよう》したいのが大手《おおて》ショッピングサイトです。ショッピングサイトはネット上《じょう》の巨大《きょだい》ショッピングモールで、審《しん》査《さ》を受《う》けたショップが出店《しゅってん》しています。

ネットでのショッピングは、お店《みせ》で購入《こうにゅう》する場合《ばあい》と違《ちが》い、商品《しょうひん》が届《とど》かなかったり、写真《しゃしん》とは違《ちが》う商品《しょうひん》が届《とど》くなどの危険《きけん》があります。また返品《へんぴん》しようにも連絡先《れんらくさき》がないこともあります。そのため、利用前《りようまえ》にお店《みせ》の所在地《しょざいち》や連絡先《れんらくさき》などをよく確認《かくにん》する必要《ひつよう》があります。一方《いっぽう》、楽天市場《らくてんいちば》やYahoo!《ヤフー》ショッピング、Amazon《アマゾン》などの大手《おおて》ショッピングサイトでは安心《あんしん》して利用《りよう》できるしくみを用意《ようい》しています。例《たと》えば出店《しゅってん》しているショップは問題《もんだい》ない業者《ぎょうしゃ》かを審査《しんさ》されています。ユーザーからの注文《ちゅうもん》は、ショッピングサイトが用意《ようい》したシステムを使《つか》います。ショップには注文情報《ちゅうもんじょうほう》が振《ふ》り分《わ》けられ、商品《しょうひん》を発送《はっそう》する流《なが》れになります。

ショッピングサイトのしくみ

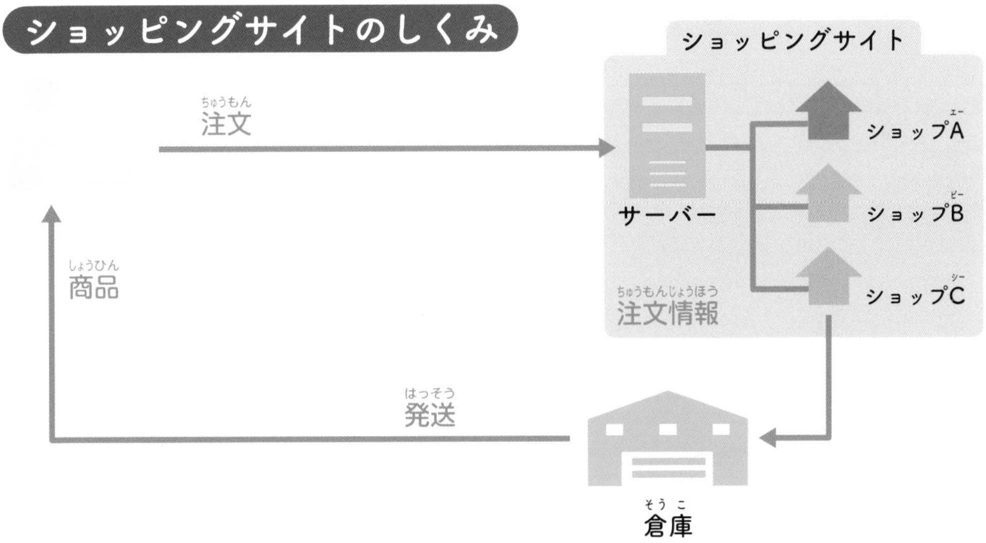

Column コラム

信頼《しんらい》の目印《めじるし》

ネットショッピングのトラブルが増《ふ》えていることから、基準《きじゅん》を満《み》たしたお店《みせ》には信頼《しんらい》の目印《めじるし》（マーク）がついています。

・プライバシーマーク

たいせつにしますプライバシー
27000135

個人情報保護《こじんじょうほうほご》 JIS《ジス》（日本工業規格《にほんこうぎょうきかく》）

・ジャドママーク

JADMA®
公益社団法人日本通信販売協会会員

社団法人《しゃだんほうじん》日本《にほん》通信販売協会《つうしんはんばいきょうかい》正会員《せいかいいん》

5-13

ネットショッピングでの支払《しはら》い方法《ほうほう》やしくみはどうなっているの？

ネットショッピングで買《か》ったときの支払《しはら》い方《ほう》法《ほう》には何《なに》がありますか？　どんなしくみなのでしょうか？

代引《だいび》き　クレジットカード　銀行振込《ぎんこうふりこみ》

ネットショッピングの支払《しはら》いはショップによって、代《だい》引《び》き、クレジットカード、プリペイドカード、銀行振込《ぎんこうふりこみ》など、いろいろな方法《ほうほう》が用意《ようい》されています。また、ショッピングサイトには、ショップと注文者《ちゅうもんしゃ》が安全《あんぜん》に取引《とりひき》できるよう決済代行会社《けっさいだいこうがいしゃ》を通《とお》した決済《けっさい》のしくみがあります。

ネットショッピングでは、現金《げんきん》でのやり取《と》りができないため、現金以外《げんきんいがい》の決済《けっさい》の方法《ほうほう》が必要《ひつよう》になります。多《おお》くのショップが集《あつ》まる大手《おおて》ショッピングサイトでは、決済代行会社《けっさいだいこうがいしゃ》（または決済機能《けっさいきのう》）によって、購入者《こうにゅうしゃ》とショップが安心《あんしん》して決済《けっさい》できるしくみを用意《ようい》しています。

決済代行会社《けっさいだいこうがいしゃ》は多《おお》くのクレジット会社《がいしゃ》や金融機関《きんゆうきかん》と契約《けいやく》しています。そのため購入者《こうにゅうしゃ》はさまざまな手段《しゅだん》で支払《しはら》うことができ、ショップは決済代行会社《けっさいだいこうがいしゃ》を通《つう》じて複数《ふくすう》の決済方法《けっさいほうほう》を提供《ていきょう》できるようになります。購入者《こうにゅうしゃ》とショップ双方《そうほう》にメリットがあるしくみです。

決済代行会社《けっさいだいこうがいしゃ》を通《とお》した決済《けっさい》のしくみ

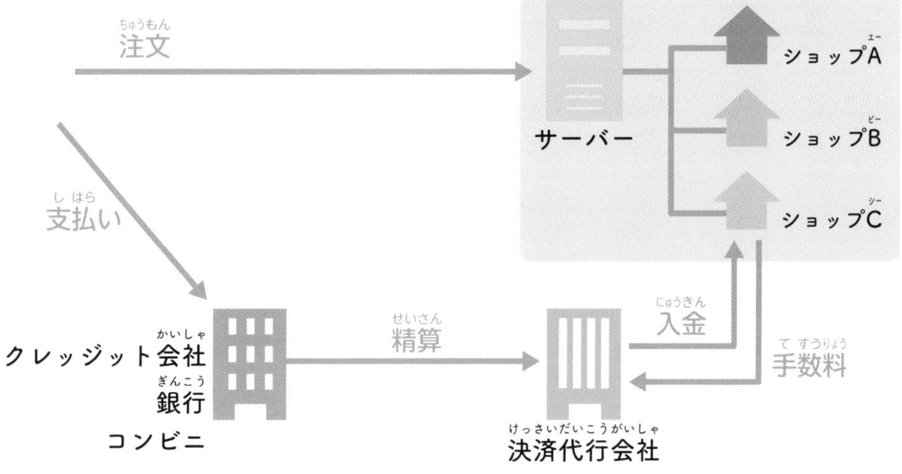

Column コラム
トラブルに巻《ま》き込《こ》まれたら

ネットショッピングやネットオークションでトラブルに巻《ま》き込《こ》まれたら、そのネットショッピングやネットオークションのサービス運営会社《うんえいがいしゃ》に連絡《れんらく》します。

その運営会社《うんえいがいしゃ》では解決《かいけつ》しなかった場合《ばあい》は、各自治体《かくじちたい》にある国民生活《こくみんせいかつ》センターの消費者生活相談窓口《しょうひしゃせいかつそうだんまどぐち》で相談《そうだん》することも可能《かのう》です。電話《でんわ》は局番《きょくばん》なしの 188 番《ばん》（消費者《しょうひしゃ》ホットライン）です。

5-14 ネットオークションはどんなしくみなの？

ネットオークションはどうやって金額《きんがく》を決《き》めているのでしょうか？

オークションサイト/入札《にゅうさつ》のしくみ

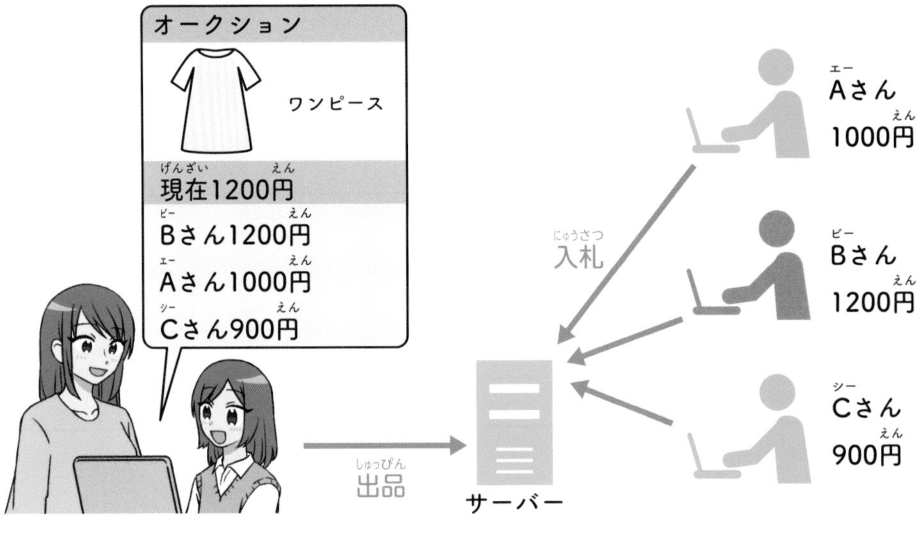

ネットオークションは出品者《しゅっぴんしゃ》が出品《しゅっぴん》した商品《しょうひん》に対《たい》して、購入《こうにゅう》したい人《ひと》が入札《にゅうさつ》という形《かたち》で希望金額《きぼうきんがく》を入力《にゅうりょく》し、一番高《いちばんたか》い値段《ねだん》をつけた人《ひと》が落札者《らくさつしゃ》として、商品《しょうひん》を買《か》う権《けん》利《り》を得《え》られるしくみです。ネットオークションを提供《ていきょう》する代表的《だいひょうてき》なサイトにヤフオク！があります。

大手《おおて》オークションサイトにはさまざまな商品《しょうひん》が出品《しゅっぴん》されています。商品《しょうひん》には現在《げんざい》の最高価格《さいこうかかく》が表示《ひょうじ》されています。もし、欲《ほ》しい商品《しょうひん》があれば、入札《にゅうさつ》（現在《げんざい》の金額《きんがく》よりも高《たか》い金額《きんがく》を入力《にゅうりょく》すること）を行《おこな》います。商品《しょうひん》には出品期間《しゅっぴんきかん》があり、一番高《いちばんたか》い金額《きんがく》を入札《にゅうさつ》したユーザーが落札者《らくさつしゃ》となります。出品者《しゅっぴんしゃ》にも落札者《らくさつしゃ》にもメリットがある便利《べんり》なしくみですが、個人《こじん》が自由《じゆう》に出品《しゅっぴん》できるためトラブルも発生《はっせい》しています。中《なか》には盗品《とうひん》や違法薬物《いほうやくぶつ》が出品《しゅっぴん》されたり、架空《かくう》の出品《しゅっぴん》で代金《だいきん》をだまし取《と》られるなどの詐欺《さぎ》もおきています。出品者《しゅっぴんしゃ》の過去《かこ》の評価《ひょうか》なども参考《さんこう》にしながら、保護者《ほごしゃ》と一緒《いっしょ》に慎重《しんちょう》に利用《りよう》しましょう。

オークションサイト/商品《しょうひん》が届《とど》くまで

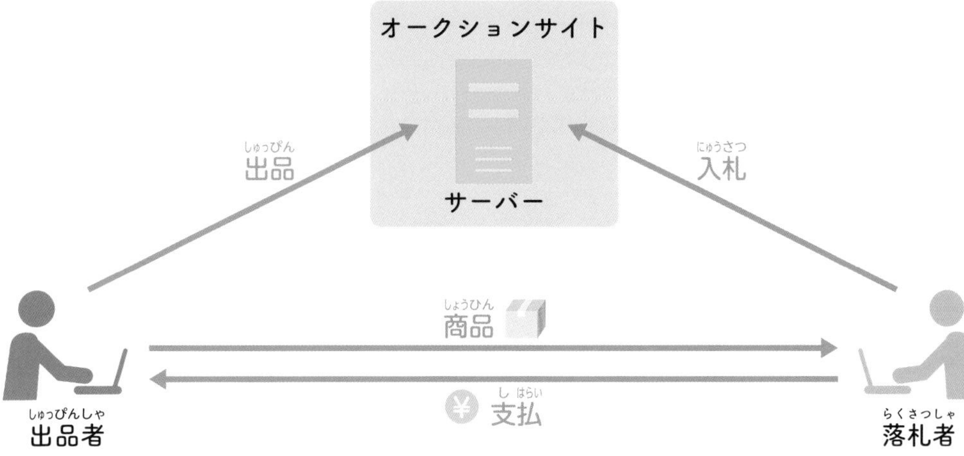

コラム Column

ヤフオク！のトラブル回避《かいひ》サポート

ネットオークションで起《お》きるよくあるトラブルは、商品《しょうひん》が届《とど》かないなどの配《はい》送《そう》ミス、写真《しゃしん》との違《ちが》いや破損《はそん》など商品《しょうひん》のクレーム、落札者《らくさつしゃ》からの入金《にゅうきん》がない、落札者《らくさつしゃ》からの返品《へんぴん》・返金要求《へんきんようきゅう》などです。大手《おおて》オークションサイトのヤフオク！（Yahoo《ヤフー》! オークション）では安全《あんぜん》に取引《とりひき》するしくみとして、代金《だいきん》の支払《しはら》いを仲介《ちゅうかい》する「Yahoo《ヤフー》! かんたん決済《けっさい》」や個人情報《こじんじょうほう》を知《し》らせずにやり取《と》りができる「匿名配送《とくめいはいそう》」（37ページ参照）、商品《しょうひん》が満足《まんぞく》できないときの「商品満足《しょうひんまんぞく》サポート」などを用意《ようい》しています。

5-15 フリマアプリってどんなサービスなの？

フリマアプリってどんなサービスなのでしょう。売《う》りたいものがあるのですが私《わたし》でも利用《りよう》できますか？

フリマアプリは、ネット上《じょう》のフリーマーケットのことで、個人間《こじんかん》で不用品《ふようひん》を売買《ばいばい》できるサービスです。未成年《みせいねん》の利用《りよう》に関《かん》しては、フリマアプリ運営会社《うんえいがいしゃ》によって異《こと》なります。例《たと》えばフリマアプリ大手《おおて》のメルカリでは、保護《ほご》者《しゃ》の同意《どうい》があれば利用《りよう》できることになっています。

フリマアプリは、スマホにインストールして使《つか》います。スマホだけで出品《しゅっぴん》も購入《こうにゅう》もできる手軽《てがる》さと便利《べんり》さから、とても人気《にんき》のあるサービスです。ネットオークションとの違《ちが》いは、入札《にゅうさつ》などがなく、出品者《しゅっぴんしゃ》の決《き》めた価格《かかく》で取引《とりひき》できるところです。また、個人間《こじんかん》の取引《とりひき》を安心《あんしん》して行《おこな》えるよう、購入代金《こうにゅうだいきん》はフリマアプリの運営会社《うんえいがいしゃ》が預《あず》かり、購入者《こうにゅうしゃ》が商品《しょうひん》を受《う》け取《と》ったあと、出品者《しゅっぴんしゃ》に入金《にゅうきん》されるしくみになっています。メルカリでは商品《しょうひん》を匿名《とくめい》で受《う》け渡《わた》しできるサービスも行《おこ》なっています（37 ページ参照《さんしょう》）。

フリマアプリのしくみ

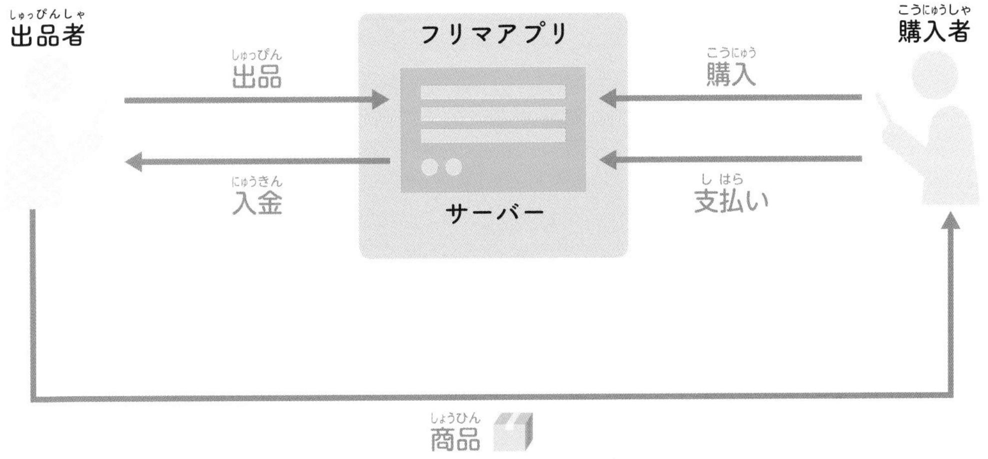

コラム
Column

フリマアプリでは誠実《せいじつ》が一番《いちばん》

公園《こうえん》や駐車場《ちゅうしゃじょう》などで行《おこな》われているフリーマーケットでも同《おな》じことですが、フリマアプリで出品《しゅっぴん》するときは、誠実《せいじつ》であること（まじめでうそがないこと）が最《もっと》も大切《たいせつ》です。その上《うえ》で、以下《いか》に注意《ちゅうい》して出品《しゅっぴん》しましょう。

- 商品《しょうひん》の状態《じょうたい》がわかる写真《しゃしん》を撮《と》る
- 商品《しょうひん》の説明《せつめい》は丁寧《ていねい》にする
- 売《う》れそうな値段《ねだん》を調《しら》べてからつける
- 売《う》れやすい商品《しょうひん》を選《えら》ぶ

5-16

ネットで個人情報《こじんじょうほう》がもれないような売買《ばいばい》はできるの？

商品《しょうひん》を買《か》った人《ひと》からしつこく連絡《れんらく》がきて困《こま》っています。どうしたらよいですか？

まず保護者《ほごしゃ》に相談《そうだん》し、運営会社《うんえいがいしゃ》に連絡《れんらく》しましょう。悪《あく》質《しつ》な場合《ばあい》は、消費者庁《しょうひしゃちょう》の消費者《しょうひしゃ》ホットライン（188番《ばん》）や警察《けいさつ》に相談《そうだん》しましょう。なお、大手《おおて》の運営会社《うんえいがいしゃ》の中《なか》には匿名《とくめい》で売買《ばいばい》できる便利《べんり》なしくみがあります。

ネットオークション、フリマアプリでの取引《とりひき》は、個人同士《こじんどうし》のやり取《と》りが発生《はっせい》するため、出品者《しゅっぴんしゃ》と購入者《こうにゅうしゃ》の住所《じゅうしょ》や名前《なまえ》、取引《とりひき》した商品《しょうひん》などの個人情報《こじんじょうほう》が知《し》られてしまいます。サービスは利用《りよう》したいけれど、個人情報《こじんじょうほう》は知《し》られたくない、という人《ひと》のために、ヤフオク！（Yahoo!《ヤフー》オークション）やメルカリでは、匿《とく》名《めい》でやり取《と》りできるサービスを用意《ようい》しています。商品《しょうひん》の受《う》け渡《わた》しをする際《さい》、出《しゅっ》品者《ぴんしゃ》と購入者《こうにゅうしゃ》のあいだに暗号化《あんごうか》されたＱＲ《キューアール》コードを使用《しよう》することで、お互《たが》いに匿名《とくめい》で商品《しょうひん》をやり取《と》りできるしくみになっています。

匿名《とくめい》で売買《ばいばい》できるしくみ

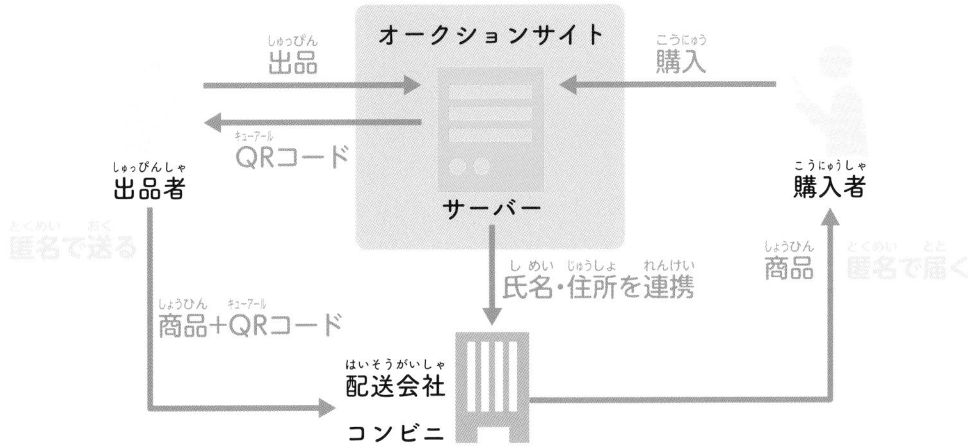

Column《コラム》 ネットのトラブル対処法《たいしょほう》

インターネットショッピングのトラブルや困《こま》ったとき相談先《そうだんさき》は次《つぎ》の通《とお》りです。

- 消費者《しょうひしゃ》ホットライン　188番《ばん》　　・警察《けいさつ》　110番《ばん》
- インターネット安心《あんしん》・安全相談《あんぜんそうだん》（警視庁《けいしちょう》）　http://www.npa.go.jp/cybersafety/
- インターネットホットライン連絡協議会《れんらくきょうぎかい》

  http://www.iajapan.org/hotline/index.html
- インターネットトラブル（国民生活《こくみんせいかつ》センター）

  http://www.kokusen.go.jp/topics/internet.html

さくいん

■著者プロフィール

松下 孝太郎（まつした こうたろう）

神奈川県横浜市生。

横浜国立大学大学院工学研究科人工環境システム学専攻博士後期課程修了 博士（工学）。

現在、東京情報大学《（学）東京農業大学》総合情報学部 教授。

画像処理、コンピュータグラフィックス、教育工学等の研究に従事。

教育面では、プログラミング教育、シニアへのICT教育、留学生へのICT教育等にも注力しており、サイエンスライターとしても執筆活動および講演活動を行っている。

山本 光（やまもと こう）

神奈川県横須賀市生。

横浜国立大学大学院環境情報学府情報メディア環境学専攻博士後期課程満期退学。

現在、横浜国立大学教育学部 教授。

数学教育学、離散数学、教育工学等の研究に従事。

教育面では、プログラミング教育、教員養成、著作権教育にも注力しており、サイエンスライターとしても執筆活動および講演活動を行っている。

■ご注意

本書の内容は2020年7月時点での最新情報をもとにしています。その後、変更されたり、無くなっている可能性があります。

装丁 ●羽田眞由美（株式会社ユニックス）

本文 ●湯浅安恵・石堂真菜実（株式会社ユニックス）

イラスト ●花田麻緒・中田亜花音・清野郁代（株式会社ユニックス）

やさしくわかるデジタル時代《じだい》の情報《じょうほう》モラル

【⑤動画《どうが》・ゲーム・ショッピング編《へん》】

2020年8月21日 初版 第1刷発行

著 者 松下 孝太郎、山本 光

発行者 片岡 巌

発行所 株式会社技術評論社

東京都新宿区市谷左内町21-13

電 話 03-3513-6150 販売促進部

03-3267-2270 書籍編集部

印刷・製本 大日本印刷株式会社

定価はカバーに表示してあります。

造本には細心の注意を払っておりますが、万一、乱丁（ページの乱れ）や落丁（ページの抜け）がございましたら、小社販売促進部までお送りください。送料小社負担にてお取り替えいたします。

ISBN978-4-297-11421-3 C8304

Printed in Japan

●本書へのご意見、ご感想は、技術評論社ホームページ（http://gihyo.jp/）または以下の宛先へ書面にてお受けしております。電話でのお問い合わせにはお答えいたしかねますので、あらかじめご了承ください。

〒162-0846 東京都新宿区市谷左内町21－13

株式会社技術評論社書籍編集部 『やさしくわかるデジタル時代の情報モラル【⑤動画・ゲーム・ショッピング編】』係

FAX：03-3267-2271